釣りの金言 名手の格言 100

つり人社書籍編集部　編

つり人社

はじめに

釣りの世界には、諺《ことわざ》や金言といえる言葉がたくさんあります。釣りの真理を見事に言い表わしたものから、哲学的なもの、人生訓、釣り人の性《さが》を風刺した笑いが漏れるものまで……実にさまざまです。この振れ幅は、釣りという遊びの広さ、奥行きの深さをそのまま表わしているともいえるでしょう。

本書では、古今東西の「今」にこだわり、特に現役名手たちによる、今の時代とともにある生きた言葉、脈打つ格言を積極的に収載しました。釣りに対するあくなき好奇心、研究心、探究心から湧き出た清水のようなこれらの言葉は、読者の「釣り心」を深くうるおします。なかには、多様な見方のできるものや、今はよく理解できなくても何年も後になって、「あれは、こういうことだったのか！」とひらめくときがくることがあるかもしれません。

また、古くからある諺や金言等もあわせて掲載しました。本書の原稿をお願いした名手に伝わったもの、地域色の強いもの、広く釣り人一般に知られているものなど、こちらもたくさんの言葉が登場します。

ひとつの言葉に、あるいは同じような言葉に、複数の解釈が記されている場合もありますが、あえて両方を載せました。それらは互いを補完したり、ときには相反する意を含むものもあるかもしれませんが、言葉の奥にひそむものを見つめることができれば、面白い発見も得られるでしょう。

古くからある言葉の一つ一つには、本来、「今」の格言のように生まれたとき、場所があったはずです。それは、どんなときで、どんな場所だったのでしょうか。そして、名手の格言は50年、100年後にどんなかたちで伝わっているのでしょうか。そんなことにも思いを馳せて、言葉を繰り返し何度でもかみしめ本書をお楽しみいただければ幸いです。

なお、本書に収載したそれぞれの言葉は、各ジャンルの名手から、解説とともにお寄せいただいたもの（格言・名言・金言・諺・座右の銘・その他）を中心に、編集部の選（諺・金言）を加えて100としました。

101個目の格言は、読者のみなさま自身の言葉に委ねたいと思います。

つり人社書籍編集部

本書の見方

『広辞苑』による言葉の定義を参考に、それぞれの言葉を次のように分けました。

現役名手の言葉

「格言＝本人の経験等から生まれた言葉」「名言＝同時代の本人以外の言葉」「座右の銘＝本人の言葉を含む」「他＝そのほかのもの」

古くからあるもの、個人を特定できないもの

「金言＝釣りに直結する教え、哲学的な意味を持つもの」「諺＝魚の習性や季節、他」

本文中の「格」は格言、「名」は名言、「銘」は座右の銘、その他は「他」、諺は「諺」、金言は「金」を表わします。それぞれの言葉は、ジャンル別に、あいうえお順で収載してあります。

参考（『広辞苑』より）
格言…深い経験を踏まえ、簡潔に表現したいましめの言葉。金言。
名言…名高い言葉、すぐれた言葉。
座右の銘…常に身近に備えていましめとする格言。
諺…古くから人々に言い慣わされた言葉。教訓、風刺などの意を寓した短句や秀句。
金言…古人の残した、模範となる尊い言葉。格言。金句。

（例）

秋川はマナゴを釣れ（金）

秋川とは、秋の川つまり終盤のアユ釣りのことをいう。マナゴとは郡上でいう小石底の川のことであり、終盤のアユ釣りでは小石底のポイントをねらえという意味である。抱卵し始めたアユは、淵のヒラキ（淵尻）などの小石底に付くようになる。マナゴの中に点在する大石や岩盤周りは、終盤の友釣りにおける一級ポイントとなる。（白滝治郎）

寄稿者名
（無名の場合は、書籍編集部の選によるもの）

1分の我慢が勝負を分ける（格）

植田正光

命名者

大会というのは、皆が気持ちを集中させて行なう。そのなかでもとりわけ最後の1分間を集中できるか、切れてしまうかによって、勝負が決まることも多いようだ。

目次（ジャンル別・50音順）

BOOKデザイン　日創

秋川はマナゴを釣れ（金）

秋川とは、秋の川つまり終盤のアユ釣りのことをいう。マナゴとは郡上でいう小石底の川のことであり、終盤のアユ釣りでは小石底のポイントをねらえという意味である。

抱卵し始めたアユは、淵のヒラキ（淵尻）などの小石底に付くようになる。マナゴの中に点在する大石や岩盤周りは、終盤の友釣りにおける一級ポイントとなる。

（白滝治郎）

朝瀬昼トロタ登り（諺）

アユの1日の基本的な行動パターンを示したもの。朝は瀬で飯を食い（コケを食み）、昼は水深があって流速が穏やかな淵に身を置き、夕方になるとふたたび瀬に出てコケを食む。

この習性がわかっていれば、ねらうポイントもおのずと決まってくる。

ただし、この諺ができた当時の川は天然アユであふれていたはずで、現代ではすべての河川にあてはまるとは限らないようだ。言葉もまたときには時代とともにその意味や価値が変わってくる一例だろうか。

アユ釣りは場所八割に腕二割（格）

白滝治郎

いくら腕のいい釣り人でも、アユのいない場所にサオをだしては当たり前の話だがアユは釣れない。アユがいるポイントでサオをだしてこそ、腕、すなわち技術が発揮できるのである。だから、アユ釣りでは腕を磨くことは大切だが、それ以上にポイントの見極めが大切である。

「アユは石を釣れ」という格言があるように、ポイント選定の一番のポイントは石である。川底によい石が入っているか。石に付いたアカ（コケ）の状態はどうか。アユに磨かれて光っているか。その石を食んだアユは群れアユか、付きアユか等々。

時期によるポイントの移り変わりも頭に入れておかなければならない。たとえば長良川の場合、解禁から梅雨明けまでは瀬がよく、梅雨明けからはトロ場もよくなる。終盤にはマナゴ底（小石底）にある大石や岩盤周りが一級ポイントになってくるというように、時期によってねらうポイントが変化してくる。

河川によるアユの付き場の傾向もさまざまだから、情報収集も大切だし、初めての河川へ釣行した際には、釣り人がどんなポイントで多くサオをだしているのか、ある程度時間をかけて観察するのも手である。

そして、釣り人が多い人気河川で一番気をつけなければいけないのが、人によるプレッシャーである。たとえ一級ポイントでも、入れ替わり立ち代り釣り人がサオをだして、居着きのアユを釣ってしまったあとでは数は稼ぎにくい。そんなときは一般の釣り人がサオをだしにくい、あるいはサオがだせないようなポイントを捜す。それらはたとえば激流逆巻く荒瀬の流心、岸際の柳の下、あるいは小さな分流だったりするが、常に周りの釣り人の動きに目を光らせ、そんなポイントを見つけ出すのも釣果を上げるひとつの方法だ。

なかには「一場所、二オトリ、三に腕」などと言うむきもあるが、よいオトリを循環させるのは腕の一部と考えると、「場所八割に腕二割」だと私は思っている。

アユは石を釣れ（金）

アユのエサとなるコケは石に付き、また石を中心にアユの縄張りが発生する。そうしたアユの習性から生まれてきた言葉だろう。他魚でも「イワナは石を釣れ」という金言がある。イワナの場合、アユとは石の重要性の意味は少し異なるが、いずれにしても川釣りにおいて、また淡水魚にとって石がいかに大切な存在かがうかがえる。

一に場所、二にオトリ、三四がなくて、五に腕（諺）

よいポイントで、よいオトリを使えばアユは釣れる。（そんな場所では）仕掛けや道具はあまり関係ないのだろう。（植田正光）

一分の我慢が勝負を分ける（格）

植田正光

大会というのは、皆が気持ちを集中させて行なう。そのなかでもとりわけ最後の1分間を集中できるか、切れてしまうかによって、勝負が決まることも多いようだ。

オトリなり（格）

平井幹二

今年（平成20）8月中旬の日曜日のこと。ネボスケ釣り人の私としては珍しく、早朝8時（あまり早くはないか?）から中津川でサオをだした。前夜は携帯で遅れて来るという友人に、「オトリはあるよ」などと約束していた。ところが、この日はオトリが替わらない。石裏、瀬脇、トロ場、分流と手を替え品を替えてもピクリともしない。やがて怖れていた事態に直面した。

背後で「オーイ、釣れた?」の声。前夜の友人だ。「釣れないよー」との情けない私の声色に、「アッハハハ、しょうがないオトリ買ってくるよ」と笑い声。おまけにオトリ屋から帰ってきた友人は、「平井さん苦戦してるよって報告しておいたから」と、面白そうに駄目押しの言葉。私は心の中で「マズーイ」。

その後も「1匹、1匹」と念ずる私は野アユからはすっかり見離され、やがてオトリはストライキ状態に。「こりゃアカン」と諦めかけたそのとき、オトリがゆらゆらと水に流されだした。チビアユが掛かったときの動きだが、こんなオトリにも掛かったことにビックリ。慎重に引き抜いた私は、今度はそのチビさ加減に二度ビックリ。鉛筆の半分ほどの7～8㎝だった。普段なら即放流だし、そもそも間違いなく引き舟の隙間から逃げ出しそう。

しかし、このときはこれをオトリに使うしかなく、強く握ればそれだけで死んでしまいそうなアユに、「死ぬなよ」と思いつつ慎重にハナカンを通し、背バリを打った。もちろん流れの中を釣れるわけはなく、瀬脇の水溜まり状の中にそっと入れて待った。極小アユでもなんとか水溜りなら泳げる。ほどなく待望の瞬間が訪れ、そこからが逆転の1日だった。

私は、瀬脇や石裏やトロ瀬など、養殖オトリでもリスクの低い、無理なく泳げるポイントから釣り始めることが多い。そこにはあまり大きなアユはいないが、チビでもともとにかく野アユに替えることを優先する。野アユに替われば、次にはチビでもやや強い流れや石の頭などに入れることができる。そこでオトリごろの野アユが2～3尾釣れれば、今度は場所を選ばず自由にオトリが入れられ、その日の釣りは安泰だ。

また、私は瀬肩で釣ることが好きだが、替わったばかりの元気アユは瀬肩から上流のトロ瀬に泳がせ、掛かりが悪かったり弱ってきたら、下手の瀬の中を釣ったりする。チャラは弱ったオトリでは根掛かり頻発だし、なかなか野アユが追わない。瀬などで元気アユを1尾捕ってチャラに移ったりする。

要するにオトリの大小、元気さ加減によってオトリを入れる場所を選択する「オトリなり」の釣りだ。

もっとも、無理を承知のオトリ操作も普通に行なってはいるが。

面白くなければ続かない（格）

村田　満

なぜか知りません。

5月26日のアユの解禁まで、川でハエやアマゴ、海でアオリイカやタイを釣っております。1週間に2回か3回、それ以上は行きません。

釣りは気分転換のためにやっています。

ところが、アユの友釣りは毎日やってもやっても、すぐに行きたくなります。生活の一部になる。三度の食事のようにもう終わりがありません。

友釣りは、たえずオトリアユがサオについており、掛けるアユは、ハリが背、腹、尾ビレ、口、目、アゴなど、魚体のあらゆるところに刺さります。

刺激が多く、ビリビリ、ギューンギューン1尾1尾の釣れたときの暴れ方が違います。

抵抗するアユをようやく取り込んで、やれやれと休む間もなしに、元気なオトリに仕立てて、次のアユをねらって、流れに送り出す。

流れに沈めたオトリは、今度は微妙な水中情報をサオを通して、手に伝えてきます。

魚にも感情がある。

コソコソ、手の平をくすぐるような野アユに追われたときのビビリ、ガッガッとハリが追いアユに触れたときの戸惑い感、やがてガッングーのハリ掛かりでの虚脱状態などがある。

オトリは野アユが近くにいると、そこを逃れるような行動をとる。

今の高性能のカーボンザオは、面白仕様に設計されており、釣り手がハラハラ、ドキドキ、ワクワクするように改良進化されています。

大アユ（25㎝）や尺アユ（30・3㎝）が誰にでも釣れるようにできつつあります。

9mや10mの長いサオは、小さな60gや100gのアユを1kgや2kgのタイやヒラメ以上の引きにして、釣り手に伝えます。

入れ掛かりを楽しむ。

友釣りマンの夢ですが——

あるようでない。

ないようである。

5月26日、解禁日、いよいよアユシーズン。面白いなんてものでなく、何日も〝めし〟を食べていない〝餓鬼〟になって、川へ走ります。

必死のパッチで、アユと対決します。

たいていは3日間連続です。

朝の5時から晩の7時まで、14時間飲まず食わず休まず。ただ、最近は昼になると、おなかが空いて、サオを置いて弁当食べます。

40歳頃までは、川の水を飲むだけで1日やれました。

友釣りは面白いなんてものでなく、めしやお茶と同じで、ぼくのエネルギー源なのです。

毎年釣行100日、釣果3000尾は、よほど自分の体にピッタリ合っているのでしょう。

アユを釣れば戦闘意欲が湧いてくる。

面白いから何日でもやれる。

我慢（銘）

植田正光

私の座右の銘は、我慢。人生においても自分が我慢をすることによって、事態が好転していくことが多々あると思う。釣りにおいても、もう少し我慢していれば入れ掛かりすることがよくある。我慢が足りないと、ほかの釣り人にその入れ掛かりを取られてしまいますよ。

十五夜のアユ（諺）

十五夜（旧暦8月15日）の頃、アユはおなかに卵を持ち、下る準備に入るという。初秋を迎えたアユは食味も一段と増すことから、「十五夜のアユ」として賞されてきた。食するのも大きな楽しみのアユ釣りならではの言葉か。それにしても十五夜のアユとは、昔の人は粋な諺を作るものだ。

白川のアユ、陸《おか》なめを食む（名）

出水直後の白川状態でのアユは、アカの残る場所に集中する。このとき、残りアカを食めない体力の弱いアユは、陸なめを食むのである。

陸なめとは、通常（平水時）水の外にある大石などに見られる食み跡をいう。この陸なめが水に浸ると、乾燥したコケが柔らかくなるのか？　関西の年配の友釣りマンは、「人間だって、焼きノリも生ノリも食べるやろ」と話していた。そして、そんなときは、オモ

リを付けて置いておけというのだ。私は、この言葉のおかげで大会で命拾いをして入賞した経験がある。（安達俊雄）

ソバの花が咲けばアユが下り始める（諺）

魚と花を結びつけた釣りの諺は多い。釣り人は釣期の移り変わりを、周囲の目に見える変化で記憶する。これは、秋に蕎麦の花が咲く頃には、おなかに卵を持ったアユが川を下り始めることのたとえ。

大河川は芯を釣れ、小河川はヘチを釣れ（格）

平井幹二

20年以上前になるが、益田川の焼石地区や長良川の美並地区に大アユを求め、心躍らせながら度々足を運んだ。益田川はすべて湖産の放流アユであるが、当時は採取直後の蓄養などは全くせず、放流といえども野性そのものの暴れアユであるし、長良川は言わずと知れた天然アユであった。
人を威圧する圧倒的な大河川の流心には、周囲を睥睨《へいげい》するような視線の大アユが泳ぎ、そこはまた釣り人の手の届きがたいサオ抜けとなっていた。両岸からサオをだす釣り人の9mザオなどでは至極ヘチを釣っているだけで、なんと短く感じられることか。こういう河川では、どこまで立ち込めるかが釣果の境目となる。大アユに魅せられた釣り人は、激流に逆らい、吸い寄せられるように流心に立ち込んでゆく。私も同様で、体力の限り踏ん張り続けたその先の新天地にオトリをぶち込めば、刹那《せつな》に脳天を貫くアタリがあった。

面白いもので、こういう河川には河川なりの暗黙のルールがあったような気がする。とにかく立ち込み合戦になるので、ヘチの釣りの邪魔にならない限り、ヘチで釣っている人のサオの沖を平気で横切っていく。水量があるのでサオ先を横切られても大して影響があるわけではなく、横切られた釣り人も、とがめることもなく平然とサオをだし続ける。立ち込む側には、立ち込めることに価値があるので、「ここまで来られるか」「ここまで来て大アユを掛けてみろ」という言い分や思いがあり、それが両者の暗黙のルールとなっていたようである。

とにかく大河川はサオの届かないその先こそサオ抜けであり、そこに到達できた釣り人にのみ、別天地の入れ掛りを味わわせてくれる。「大河川は芯を釣れ」だ。

神奈川県に住む私のホームグラウンドは、相模川水系や酒匂川。ほとんどの河川が小河川で、川切りは自由自在、オトリの入らないポイントなどはない。おまけに首都圏からは至近で、休日などはサオの砲列。

こういう小河川でも、釣り人の視線はほとんどの場合、水量豊富でいかにも「釣れますよ」とささやきかけてくれる流心へと注がれる。だが、小河川なので流心にも簡単にサオが入り、入れ替わり立ち代り、次々とオトリが流心を泳ぎ、追い気のあるアユはあっという間に釣り切られ、やがて釣り人のサオ先は完黙状態になってしまう。

こんなときの打開策が「小河川はヘチを釣れ」。広い瀬肩の瀬脇のチャラや荒瀬の瀬脇などは、流心にオトリを入れる釣り人にとっては必然的に立ち込んだりサオ下となってしまう場所だが、ここが小河川では盲点となりサオ抜けになっていることが多い。いわば多数派が見落とす場所だが、ここで釣れるかな？という好奇心をもってポイントを探ると、ときとして入れ掛りにぶち当たる。

もちろんうまい話ばかりではないが、やはり混雑する小河川では、私は見落とすことなくヘチを大切に釣っている。「小河川はヘチを釣れ」。

高水前の食み急ぎ（諺）

上流の山間部に黒い雲がかかり、増水を心配していると、なぜか急にアユが掛かりだすことがある。入れ掛かりとなり、集中して釣っていると本当に増水が始まり、大出水となることがある。

栃木県の古老の話では、「アユは上流部の雨の量を予知して腹を満たすだんべ、食み急ぎのアユは、コケを食むのに夢中だから一番釣りやすい」と言う。（安達俊雄）

何もしないことが難しい（格）

伊藤　稔

一度、ラジオでこのことを話したら、それを聞いた人が名言だと言ってくれました。これは、たとえば泳がせ釣りをしていてオトリが最高の泳ぎをしているときには、何もしてはいけないということです。当たり前のことですが、実は多くの友釣りマンはこれができません。せっかくよい泳ぎをしているのに目印をブラす、あるいはオトリの鼻をガツンと引いてしまう。それだけで最高の泳ぎは途切れてしまいます。「釣れない」と言う人のほとんどは、不用意にもこういうことをしてしまうのです。

では、どう釣ったらよいかというと、最高の泳ぎをさせるために、一番よい水切れ抵抗やサオのテンションを持続することが肝心です。具体的には穂先も目印もピタリと止め、オトリによけいな負担が掛からないようにすることです（誘いはまた別次元の問題です）。しかし、その止めることは決して簡単ではありません。少なからず修練が必要なのです。そこで止める、つまり、「何もしないことが難しい」という格言が出てきました。

場所で釣るな（格）

伊藤　稔

これは、簡単に釣れるサラ場や川で釣るなということです。「釣れる所で釣るな」と言うのはおかしなことですが、トーナメンターを対象にした場合、簡単に釣れる場所でいくら釣っても腕は上がりません。

それよりも、そう簡単には釣れない渋い川や場所、釣り荒れた川や場所で練習をすることが重要です。大会では人が混み合います。大抵の場合、好きなポイントを気ままに移動して釣ることはできません。また、下見などでサラ場はほとんどなくなります。

とすれば、釣り荒れた場所を如何に攻略するかが重要になります。その技術を磨けということがこの格言には込められています。

引かれるオトリに野アユは横向き、イトおぶオトリに野アユは向かう（格）

白滝治郎

友釣り用語に「オバセ」という言葉がある。オバセの語源は長良川・郡上のアユ釣りから発したもので、郡上弁で「背負う」ことを「オブ」、人にものを背負わせることを「オバセル」と言う。従って、アユに水中イトを背負わせ（オバセ）て泳がせることを言い表わしたものなのである。

アユの友釣りで大切なのは、オトリ操作である。元気に泳ぐオトリに野アユは反応するが、鼻先を引かれて不自然に泳ぐオトリには見向きもしない。ましてや、弱ってフラフラしたオトリなどは論外である。交通事故で掛かることはあっても、野アユを掛けにいくことはできない。

オトリ操作の理想は、オトリが水中イトを背負って泳いでいる状態であり、このことはトロやチャラの泳がせ釣りだけでなく、瀬の引き釣りでも同じことが言える。「引く」という言葉から連想するのは、オトリの鼻先が引かれている状態であるが、実際はそうではない。元気なオトリは水中でイトをおぶって泳ぎ上がり、釣り人は余分なイトフケを取りながらサオを引き上げているのである。オモリを付けても同じである。オモリは水中イトにかかる上波（表層の流れ）の抵抗を消すために使うものであり、オモリの下ではオトリは自由に泳ぎ、ときにはオモリをおぶって泳ぎ上がる状態がベストなのである。

昨今流行の、オートマ穂先（ソリッド穂先）搭載ロッドを使用したオートマ釣法においても同じである。実のところ最近はオートマ釣法一辺倒であるが、オートマ穂先のやさしさで「オトリの泳ぎをサポートしやすくする」のがオートマ釣法であり、このことを「オトリが引きやすくなった」と言い表わしているのである。勘違いされないように。

常にこのことを念頭に、極力オトリの鼻先を引かないようなオトリ操作を心がけている。その上で自分が思ったポイントへとオトリを誘導し、ときにはオバセの量を調節して泳ぐスピードを変え、オトリを止めてやることができれば、大釣り間違いなしである。

干川の白石・山腰（金）

昔からアユ釣りでは、「黒く光る石を釣れ」と言われている。しかし、渇水が続く河川では、黒い石は光の吸収がよいせいかアカ腐れが早く始まり、コケはよい状態ではない。逆に、白っぽい石は、アカ腐れも起きずに黄緑色かオレンジ色に見える。アユはこの石に付き、よく掛かる。

干川の状態が長く続くと、流心の水当たりのよいところ、水深のある大淵の大石周辺が絶好のポイントとなる。なかでも、山（陸）から直接、水中に没している腰（岩盤）は、石の温度変化が少なく、最良のコケが付く好ポイントとなる。平水ではサオのだせない大淵の大アユと引き合いのできる好機でもある。（安達俊雄）

一人一瀬（金）

ひとつの瀬に釣り人が1人入ったら、その瀬はその釣り人のもの、入ってはいけませんよ、という意味。今ほど川が釣り人でごった返していなかった時代のマナーだと思われるが、想像すると確かに気持ちはいい。

下手の長ザオ、馬鹿の向こう釣り（金）

狩野川で昔から言われている格言。下手な釣り人ほど長いサオを持ち、川の向こう側を釣るという意味だろう。

「狩野川というところは、足もとからアユがいるので、自分に合ったサオを持ち、オトリ操作を正確に行なうほうが釣れますよ。そして、そんなに遠くを釣らなくてもアユはいますよ」と言いたいのだろう。（植田正光）

変化の中に至福あり（銘）

片山悦二

僕があらゆる釣りで一番に確認することは変化だ。たとえば川釣りなら流れの蛇行、水深の違いがこの変化で、もっと簡単に言うと、瀬肩や瀬落ちが当てはまる。海の釣りなら、潮目やシモリ磯。

ひとつの例として、アユ釣りで瀬肩をねらうとしよう。背肩は大きな変化だ。しかし、それだけでは至福は訪れない。大きな変化の中で、小さな変化を見極めていく。大きな変化の瀬肩と瀬落ちが一番の釣り場であるように、細分化された変化の中でも、始まりと終わりは一番なのだ。

それでは、小さな変化の見分け方のポイント。偏光グラスで確認できるような浅瀬や立ち位置なら問題はないが、透明度が低かったり、逆光では目視で確認できない。そんなときは、波立ちを見るといい。わずかの流れでも波は立つ。水面のシワ程度の波の中にも変化は存在する。

大きな変化の中の、小さな変化を発見できれば、すべての釣りが変わってくる。お試しを。

水出三日はアユ追わず（諺）

「追う」は郡上弁で「ぼう」と言う。水出《みずで》とは「出水」または「増水」の意であり、増水後3日間くらいはアユの追いが悪くなって釣りにくいという意味である。

アユ釣りでは、一般に「増水後の引き水時はアユが入れ掛かりになる」と言われる。ところが、解禁当初はそうではないことが多い。つまり、アユがまだ遡上する時期の増水後数日は、アユが遡上のために動いて縄張りを作りにくく、追いが悪くなるため友釣りで釣りづらくなることを、この言葉は言っているのだ。

また、「水出三日はアユの値が出る」という言葉もある。これは、増水後アユが釣れない日が続くと、アユが品薄になり値段が高くなるということである。

いずれも長良川・郡上の職漁師の経験に培われたことわざである。（白滝治郎）

浅い川も深く渡れ（金）

川の徒渉はついつい最短距離を渡ろうとしがちだが、用心するに越したことはなし、余裕をもち最長の距離を渡る心積もりで渡りなさい、という意。川での横着を戒めたもの。

イワナの待ち場（諺）

魚はエサの取りやすい場所を縄張りにする。特に、「イワナは石を釣れ」と言われるように、付く場所がピンポイントで決まっている魚の場合には、その待つ場所を見極められるようにならないと、いつまでたっても釣果が上がらない。

「イワナの待ち場」がわかるようになれば、そこを縄張りにしている魚が釣られていなくなっても、すぐに次の魚が入ってくるから、次の釣果が期待できるというわけだ。

川底を知らないで魚は釣れない（金）

渓流釣りのジャンルに含めたが、川を海や湖に変えれば、すべての底中心の釣りに当てはまる諺。魚を釣りたいと思ったら、まずはポイントに精通することだ。ポイントの底がどんな状態なのか、名手は周囲の地形や地質などからも推測している。

川の下に川がある　川の横にも川がある（名）

古い渓流マンには格言でもある、阿部武の「川の下にも川があり、川の横にも川がある」。これは、阿部武という渓流釣りの先達が東北で体験し伝承し会得した結果、得た言葉である。昭和42年、つり人社から『東北の渓流』として出版された単行本の中、地下水の説明にこの言葉が記されている。

イワナ釣りのバイブル的な存在であった。

阿部さんは本の中で「あの岩石のゴロゴロしている上を水が流れる道理はなく、渓流に水が流れるのはその下に地下水の流れる川があり、両側面にも川があり、川の流れを支えている」と説く。そして、これらの川は、地上の渓流とゴロと呼ばれる魚の通路でつながれていると述べている。このへんは独特の表現だが、魚の棲む渓流の在り方の説明として大変よい表現だと思う。

だんだん川にも砂が多くなり、ゴロの埋まった川が増え、残念だ。

「川の下に川がある　川の横にも川がある」これが本来の川の在り方だ。(相吉孝顕)

木化け石化け(金)

渓流は水の透明度が高く、魚の視野も広い。渓流魚は影や音には特に敏感で、上空を飛ぶ小鳥の影が水に映るだけでも異常を感じるほどだ。普段は瀬や淵の尻にいる魚が、釣り人が近づき、砂利などを踏む音や釣り人の影を感じると、サッと上流に走り荒瀬や障害物の中に逃げ込んでしまう。不用意に太陽を背にしたり、派手な色のウエアもまた然り。

瀬尻や淵尻の魚を追い込むと、周辺の魚たちもいっせいに異常を感じてしまう。これは、釣り人が自分でポイントを潰している結果となる。

ポイントに接近するときは、手前から静かに立ち木や大石の陰に自分の姿を隠し、魚に悟られないように接近することが大事。このことが「木化け石化け」だ。（相吉孝顕）

食い波は揉み合わせ・男波・女波の組み合わせ（格）

白滝治郎

アマゴ釣りはポイントの見極めが大切である。アマゴが付く波を読み、効率よくポイントを探らないと数は稼げない。

波を読むコツは波の「揉み合わせ」を見つけることである。揉み合わせとは、流れが石などの障害物にぶつかり、分かれ、石裏にタルミを作ってその後流れが合わさる部分、淵頭などで流心際にできる巻き返しで流れが合わさる部分のことであり、Ｙパターン、ＩＣパターンなどと表現される。

これはあくまで川を平面状に見てのことであるが、断面にするとさらに複雑な流れが見えてくる。

淵への水の流れ込みを想定してみる。淵頭へと落ち込んだ水は、そのまま表層を流れ出すものもあれば、川底へ向って落ち込む流れもある。落ち込んだ流れは川底を流れ、岩盤や大石、カケアガリなどの障害物に当たり、ふたたび表層へ向かって吹き上がる。ここで、最初の川底へ向って落ち込む（引き込む）流れが女波であり、障害物に当たって表層へ吹き上がる流れが男波である。

もっとわかりやすくいうと、女波すなわち凹波であり、男波すなわち凸波である。このような流れでは、男波の手前の「ウケ」（水障部のことで、水流を受け止めるところという意味から、郡上ではそう呼ぶ）にアマゴが付いていることが多く、ここが就餌点となる。

また、一部には流心の強い波を男波、際にできる波を死波、表面が鏡状になっている波を女波という場合がある。男波は「仕掛けが入れにくい波」、女波は「仕掛けが入れやすい波」という解釈が妥当かもしれない。

平面と断面双方から川の流れを分析し、アマゴの食う波を言い表わしたした言葉が「食い波」であり、渓流釣り理論の基本である。

五月のヤマメ、アユかなわん（諺）

ヤマブキの花が咲く頃、ヤマメ釣りは本格的なシーズンを迎える。ハリ掛かりするヤマメたちは、サビも抜けて体力、食欲とも旺盛となり、それが釣趣・食味にも反映される。この、最盛期のヤマメの食味はアユをも凌ぐという。

桜散るころアマゴは休む（諺）

長良川・郡上の職漁師のことわざ。

雪代がおさまり、いよいよアマゴの活性が高くなってきたかと思うと、桜の時期に急に食いが落ちることがある。理由はいろいろ考えられる。人的プレッシャーによってアマゴがスレてくる、あるいはエサとなる川虫の移り変わりの時期とも考えられる。

正確な理由はわからないが、長良川・郡上の職漁師たちは「川面や水中を流れる桜の花びらにアマゴが戸惑って、口を使わなくなる」と言った。

いずれにしても、桜の花びらが散るころ、アマゴが口を使いにくくなることは事実である。(白滝治郎)

桜につき皐《さつき》について藤につく(諺)

長良川・郡上では魚が産卵することを「つく」と言う。アユやアマゴを専門にねらう長良川・郡上の職漁師たちにとって、産卵期のウグイだけは一度に大量に獲れることから、漁獲の対象になっていた。「桜につき皐について藤につく」は、このウグイの産卵のようすを季節の花の移ろいになぞらえて言い表わしたものであり、桜の花が咲くころウグイの産卵が始まり、皐の花が咲くころを経て、藤の花の時期まで続くようすをいう。

一般に、桜の時期につくウグイは大型の個体が多く、皐、藤とだんだん小さなウグイがつくようになる。

産卵期のウグイをツキウグイと呼び、「ツキウグイ桜と皐と藤につく」とも言う。

(白滝治郎)

天地一竿（金）

天に青空、地には緑滴る大地。盛期を迎えた大自然の渓に溶け込み、一木一草（そして一石）と化してサオを振り、さらには己が一竿そのものとなる。スケールの大きな、かつ奥の深い渓流釣りの奥義とでもいいたくなる言葉だ。

夏ヤマメ一里一尾（金）

ヤマメ釣りの盛期は一般に春から新緑のころにかけて。梅雨も明け、本格的な夏が訪れるころには水温が上がり、ヤマメの活性は落ちてくる。さらに、それまで主要なエサとなっていた水生昆虫の多くが羽化してしまい、川の中は空っぽ状態とはいわないまでも、川虫の虫密度？は低くなっている。自然とはよくできたもので、それと入れ替わるように陸生昆虫が新しいエサとして登場するが、シーズンもなかばを過ぎて釣り人によるプレッシャーも積み重なり、ヤマメ釣りはどんどん難しくなる。

梅雨明けは、同時にアユ釣りの盛期の始まりだ。釣り人もサオを持ち替え、友釣りを楽しむのが自然の成り行きといっていいだろう。灼熱の太陽の下、野アユの引きの醍醐味は夏の友釣りならでは。

あるいは、ヤマメよりも上流を目指し、イワナ釣りに興じる人もいるだろう。標高の高い川などでは、イワナは夏から秋にかけて積極的にエサを捕食する。エサを飽食した夏のイワナはよく肥え、強い生命感を感じさせてくれる。

それでも、夏にヤマメを釣りたい、どうしても顔が見たいというのも、それはそれで釣り人の性なのかもしれない。

そんな思いを実現しようとするのなら、1尾を釣るのに1里（4km弱）歩く覚悟が必要だ、あるいはそのくらいの気持ちで釣りなさいという意味がこの「夏ヤマメ一里一尾」には込められている。

遡りアマゴ口を開く《あ》（諺）

通常、アマゴを釣ってビクに入れておくと、アマゴは口を閉じたまま硬直する。ところが、遡りアマゴと呼ばれる時期のアマゴはそうではない。

4月も半ばを過ぎるころから5月いっぱい、ときには6月上旬にかけて、アマゴは川を遡る。このころのアマゴは盛んにエサを食むようになり、型もぐんと大きくなる。増水後の引き水時などは、エサにすぐ反応するのである意味釣りやすくもなり、ときとして大アマゴの入れ食いに遭遇することもある。この遡りアマゴが、釣ってビクに入れておくと口を開ける。つまり口を開けた状態で硬直するのである。

このようすを、長良川・郡上の職漁師たちが表現したものであり、視点を変えて見れば、死んで口を開くアマゴは釣りやすいということである。（白滝治郎）

ヤマメ釣りにマグレなし（格）

伊藤　稔

　これは天然のヤマメに限った話です。ヤマメは、流し方や流すコースが狂っていると、エサを捕食してもアッという間に吐き出してしまいます。特に本ヤマメと呼ばれる純天然のヤマメは、ちょっとでも流し方がおかしいと1尾も釣れません。したがって、ヤマメ釣りでは就餌点を予測し、立つ位置、投餌点、エサを流すコース、流す層、そして、流すミチイトの角度まで計算して流さねばなりません。また、ヤマメはハリの付いたエサを飲み込むということは滅多にありませんから、絶好のタイミングでアワセも行なわなければなりません。つまり、他の魚と違ってマグレで釣れる要素は極めて低いというわけです。

ヤマメは足で釣れ（金）

釣りは、回遊してくる魚を待って釣る釣りと、こちらが移動を繰り返す釣りがある。また、マブナ釣りのように、季節によっては待つ釣りが足で釣る釣りに変わるものもある。

「ヤマメは足で釣れ」とはよく言ったもので、山（里）の釣りの特徴をうまく表わしている。

ヤマメは筋を釣れ（金）

同じ渓流魚の諺で「イワナは石を釣れ」と対をなす、といいたくなる言葉だ。流れに定位してエサを待つヤマメは、まさに「筋を釣れ」。上流から理想の筋に仕掛けを、エサをなじませ、自然に流してヤマメのフィーディングレーンに送り込みたい。

木化け石化け(金)

渓流の釣りには「木化け石化け」という古人がのこした名言、名句が存在する。

この金言は、いかにすれば流れでエサを待つヤマメ、イワナたちに気取られず彼らのそばに立つことができるかを教えている。

ご存知のように、渓流釣りにおいては、渓魚に気づかれずにサオを振れるかどうかが重要なポイントになる。すなわち釣ることへのアプローチである。「木化け石化け」は、渓中において釣り人は自然体となり、かたわらの流木、石のような存在になって釣りなさい、という大きな言葉である。かつては私も不用意に渓魚に近づき、走られてしまう失態をやらかしたことがたびたびあった。こんなとき、ふと思い出すのが木化け石化けの名言である。

仲間たちとイワナ釣りなどによくご一緒する機会がある。その際、ポイントに仕掛けを投入するのに気をつかわず、不用意な動作をする人をよくよく目にする。これは釣り以前の問題であり、釣れる魚も釣らず？釣れず……の状態にしてしまう。

簡潔に申せば、釣ることへの取り組み方が悪いのである。

何事にも道理があって仕組みがある。

〝下手の長ザオ〟という格言もあるが、私に言わせれば〝上手の長ザオ〟と言い直したい。「長ザオに長仕掛け」が私のテンカラでの取り組みで、もはやアプローチも8割方クリアしたことになり、あとの2割が音を立てずに静かに釣りの態勢、体の構えができれば目前の渓魚は、手中におさめたも同然である。

ちなみに私のテンカラの仕掛けであるが、サオは4・5m、ラインは6・5m、ハリス1mが標準サイズになっている。

「木化け石化け」とはよく言ったものである。（瀬畑雄三）

流れうつ淵ひく踊らす毛バリ釣り（格）

瀬畑雄三

私がテンカラ（毛バリ釣り）を習い覚えたてのころは、わずかな時間も惜しみ苦心惨《さん》憺《たん》、毎日懸命にサオを振るときを過ごしていた。

精進した甲斐あって、テンカラのなんたるかもいくばくか理解でき、そこそこヤマメ、イワナの釣果に恵まれる日々を迎えるに至り、テンカラの面白みと楽しみを味わうことがかなった。そんな折、テンカラの妙味にひかれた実感から、ふと思いのままに書きしたためたのが、句といったらいいのか、金句と表現したらいいのか、この句である。

たいへんおこがましいことだが、金言ともとれるこの句は、誠心から思い浮かんだ17文字である。

とにもかくにもテンカラにのめりこみ、テンカラ一途の日々だった。地の利もあったが、それこそ毎日のようにサオを振っていた。

しゃにむにとは、きっとこんなときをいうのだろう。すべからく何もかもテンカラが主体で、仕事以外の大半を日がな一日、テンカラのことだけ思い続けて精進したのだった。

何事にも思い続ける心を持つ、ということは大事なことである。この歳になっても五体満足で暮らしていけるのも、あのころの「一途な心」のたまものではないかと思っている。

つい昨日も3泊の行程で越後荒川・大石川東俣沢源流から帰ってきたばかりである。

径なきみちを行き、径なきみちを帰ってくる。こんな源流釣りを楽しめるのも一途な心、いわばその原点にはテンカラという釣りへのあくなき思いがあったればこそである。

雄大な山ふところに入り込み、清冽な流れにイワナを追い渓谷を遊びつくす。これ以上の至福があるだろうか……。

わき目もふらずテンカラ一途のときをもったおかげで今の自分がある。

つくづく思い振り返ると、テンカラとの出会いによってあまねく自分の釣りの世界が広がったように思う。

流れに毛バリをうち、ときに淵ではひいたり踊らせたり、毛バリの世界を演出する。

私は可能な限りテンカラ釣りをつづけたい。

一生現役！ヘラブナ釣りに終わりなし（格）

小池忠教

ヘラブナ釣り雑誌の編集に長くかかわっていると、折にふれ名手の格言を聞く機会がある。僭越《せんえつ》ながら、ご本人に代わって3つほど紹介させていただきたい。

「一生現役！　ヘラブナ釣りに終わりなし」は、小池忠教さんの格言。

小池さんは、ヘラブナ釣りの奥の深さを知れば知るほど、その果てしなき深淵に圧倒されるばかりであるという。そして、60歳を過ぎた今でも現場第一主義で、常に真剣勝負をしているのも、ヘラブナ釣りをもっと極めたいと願う一心からである、とも。

（出口　洋）

シンプル　イズ　ベスト（格）

石井旭舟

釣りは、むずかしく考えると釣れなくなる。〝釣れる釣り〟というのは、ひと目でわかるほど単純明快な場合が多い。また、釣りを簡単にしていく努力をしなければ釣果を望めないということだ。

石井旭舟さんは、「ややもすれば複雑になりすぎるヘラブナ釣りだが、そこに惑わされることなく、釣りの組み立て方を簡略化していくことを考えよう。それが一番釣れる釣りとなる。シンプル　イズ　ベストだ」と常々言われる。もちろん、何を簡略化していくか、それがわかるまでには多くの経験を積む必要がある。（出口　洋）

釣れるのもヘラブナ釣り、釣れないのもヘラブナ釣り（格）

早川浩雄

釣果だけが釣りではない。「獲ってナンボじゃ！」は漁師の世界。とにかく一番釣った者をちやほやしがちな風潮だが、それは違う。釣り人としてのプライドを持つならば、人としての完成度も求められてしかるべきである。したがって、釣果ではなく、どのように考えて釣ったかという過程こそが大切なのである。

「釣れるのもヘラブナ釣り、釣れないのもヘラブナ釣り」。早川浩雄さんのこの格言は、ヘラブナ釣りに対する大きな心構えを説いたものだ。（出口　洋）

コイは一日一寸（金）

よく知られている言葉で、1日で1寸（約3・3㎝）だから、1尺（約33㎝）のコイを釣るには、10日通わなければならないという、コイ釣りのむずかしさを表現したものだとされる。

そんなコイ釣りも、1960年代には1日2尺といわれ、現在では1日10尺も珍しくはない。これは養殖ゴイ（ヤマトゴイ）の放流によって全国的にコイの数が増えたためである。

しかし、どの釣り場もそうかというと、これは放流魚の増えた河川に限ったことで、やはりコイは釣りにくい魚であることに違いはない。技術と道具の進歩によって、「一日一寸」とまでは言わなくても、1日5寸程度の釣り場は多くある。

一方、「一日一寸」は野ゴイ釣りのむずかしさを表現した言葉だ、という釣り人もいる。全国で見られるヤマトゴイと違い、日本古来の野生のコイは確かに数が少なく、その姿を見ることはなくなった。簡単にエサを食べる放流ものと違い、冷静沈着、警戒心が強く、釣り人のエサにはまず食いつかない。

いまや、野ゴイだけを専門にねらう釣り人でさえ1年に1～2尾お目にかかれるかどうか、というのが実情である。

野ゴイとヤマトゴイの話は、それだけで1冊の本ができてしまうほどなので省くが、野ゴイに限った話として語るならば、ヤマトゴイの放流によってその数を減らしている現在、「コイ釣りは1年1寸」、30㎝の野ゴイを釣るには10年かかるといっても過言ではない。（山本和由）

コイはカーブを釣れ（金）

これもコイ釣りでは言い尽くされた言葉。

この場合のカーブは、地形上の川の湾曲のような横の変化と、地底のカケアガリや、くぼみのような縦のカーブも含めた言葉だ。コイはそんな変化のあるところに居つくので、そこをねらえということで、要は変化のある場所を釣りなさい、というどの釣りにも共通する格言といえる。

カーブを釣れとは川、湖沼を問わずいえることで、湖でも岬、湾といった地形の変化を釣る。初めて訪れた釣り場で、釣り場選択に困ったら、まず「カド」を釣れといわれる。

山上湖の場合は、これに「タナを釣れ」という言葉がプラスされる。特に水深のある湖は、季節やその日の条件でコイのエサを食べる水深が変化するので、平野部の湖沼にくらべるとむずかしい。地形や水底の変化だけではポイントを決められないよ、ということだ。（山本和由）

コイは風を釣れ（名）

川のコイ釣りでは、もともと流れがあるため、風が大きく影響することは少ない。気温や水温、季節などの条件を度外視すれば、むしろ水量、流れの強弱のほうが釣りに影響する。下流部の潮の干満による水流の変化などはまさにそれである。

ところが、湖の場合は風を抜きにコイ釣りを語ることはできない。本来の湖流はあるにしても、風が水を動かさないと魚の活性が上がらない。水槽のポンプを切ると魚は底にじっとしてしまうが、スイッチを入れて水が動き出すと活発に泳ぎ回るのと同じである。

一般によいとされるのは向かい風で、霞ヶ浦など平野の湖は風向きはあまり関係なく、風が当たる釣り場を選ぶことが釣果につながるとされる。山上湖は、風が当たればよいというものではなく、風向も見極めねばならない。よいとされる風は、南、西、北、東の順。南風は水温を上昇させ水をよくかき回すが、東風は水温を下げ、水の動きも悪いとされる。

四方を山に囲まれた山上湖では、南から来るから南風とは限らない。風は谷間を縫って入り、一番開けた谷、もしくは山の低い所を目がけて抜けていく。向きだけでなく、地形やそれぞれの風による湖面の波立ち、肌に感じる風の温もりからどの風かを読みとれないと、とんだ失敗をすることになる。

真正面の南方向から吹いてくるから南風と喜んでいると、実は最悪の東風だったりする。東風のときは直接当たらず、風がはねて出ていく内側を釣り場に選ぶ。

ちなみに南や西の風はゆったりとした三角波を起こし、北や東、特に東はシワシワと押さえつけるような波立ち方をする。名手は波の立ち方ひとつで風向きを判断しているのだ。（山本和由）

大願釣就（格）

吉田幸二

正しくは「大願成就」であるが、釣り人であるがゆえに、大願釣就とした。これは太公望への道でもある。

太公望とは、釣り好きな人を差す言葉であるが、実は周（中国の昔の王朝）の姜尚のことである。

ある日、姜尚が釣りをしていると、周の国の文王が通りがかり、並々ならぬ姜尚《きょう》の秘めたる力を見抜いた。やがて文王は姜尚の力（軍師）を借りて大国を治めるようになった。

この姜尚が、太公の待ち望んだ人物として太公望と呼称されるようになった。つまり、釣りをたしなむ者は大いなる願望を成し叶える力を持つ者だと思うのである。

海外へ釣りに行く。バスボートを購入する。米国のトーナメントに参戦するなど、大願や大望を持ち、それを追い続け、それらが叶ったのは、釣りを続けてきたからである。そこで、「継続は力なり」は大願釣就に連なる言葉であり、太公望への道となるのである。

汝《なんじ》、釣りを止めるべからず。

バス釣りは己の生きる道しるべ（格）

吉田幸二

私にとってバスフィッシングは、自らの人生をより楽しく充実したものへ導いてくれた。

バスフィッシングによって更正した者は多い。私もその一人である。バスフィッシングがあればこそ、人としての道を踏み外すことなく、60年近い人生を歩いてこられたのである。人としての善を知るに至る道でもあると思っている。

多くの友人、心を同じくする仲間を得ることができた。また、釣り場の環境保全を考えるようになり、釣り場の清掃活動を始めるようになった。

もし、バスフィッシングと出会っていなかったら、現在の私は存在していなかったといっても過言ではない。バスフィッシングによって私は生かされている。

少し超えたところに愉しみはあります(格)

小野　訓

実はこれ、僕の店の広告に長年使ってきたコピー。手前味噌で恐縮だが、この言葉には当時の思いが詰まっている。

およそ30年近くも前、故郷の秋田に東北で初めてのフライショップを開いたばかりのころ、フライフィッシングは、モノも情報も極端に少なかった。同じ釣り人でも、たまに渓流でエサ釣りの人と会えば（当時は渓流で人に会うことすら珍しかったが）、「そんなもんで釣れるわけねぇ」とバカにしたように笑われた。無理もない。フライフィッシングという言葉さえもまだろくに流通していなかったのだ。

店を開いたといっても、未知のコトやモノは山のようにあった。インターネットはもちろん、フライの専門誌さえほとんどなかったから、自分の手で解決していかなければならない。たとえばキャスティングの技術。釣りのこと。タイイングのこと。今思えば笑ってしまうようなことで立ち往生したり、頓珍漢なこともずいぶんやった。けれども僕たち（お客さんも含めて）には、未知の釣りに対するあくなき好奇心と、それをなんとか自分のものにしたいという強い渇望があった。試行錯誤の末に、みんなで疑問の壁を乗り越えたこともあった。

疑問が解けたときには、必ず今までとは違う「景色」が見えてきた。突然目の前に新たな地平が開けるような思いとともに、大げさかもしれないが、自分はフライフィッシングという新しい釣りのフロンティアを一歩進んだのだ、という確かな手ごたえを感じていた。

僕はその興奮を、フライフィッシングを愛好する仲間にもっと伝えたいと思うようになった。そして、釣り雑誌に初めて名刺大の小さな広告を出したとき、その思いを言葉に託した。店の住所や営業時間、電話番号等を併記しただけの簡素な広告のコピーに、ひそかに思いのありったけを込めた。

「少し超えたところに愉しみはあります」

こうして今説明すると少し気恥ずかしいところもあるが、僕自身、いつまでも「超え続けていく」好奇心を失いたくはないと思っている。そして、フライフィッシングに限らず、釣りの本質とはそんなところにあるのではないだろうか。

見たことはある、しかし、よく見ていなかった（格）

森村義博

アリは平野部から深山まで広く生息する昆虫だ。小さいが身近な昆虫だから、紙と鉛筆を渡して、「アリの絵を書いてみて」とリクエストすれば、小さな子供から大人まで、ほとんどの人は、楕円形のお尻とくびれた腰（?・）、6本の足といったように、その特徴をとらえて上手に書くことができるだろう。

アリは他の昆虫、たとえばセミやトンボに比べれば、小さく外部形態も単純な線で構成されているから、それをフライとして巻き上げることもたやすい。

春が終わり水生昆虫の羽化が一段落する頃、ヤマメやイワナたちの胃は陸生昆虫で占められるようになる。とりわけアリは彼らによく捕食されているから、初夏以降のフライフィッシングにアリを模したフライは必携だ。しかし、アリのフライがあればヤマメやイワナが釣れるのか？　いや、フライフィッシングはそんなに甘くなかった。

この釣りを始めたばかりの頃、大岩の巻き返しにイワナを見つけたことがあった。

これはいただき！

そう思いながら、浮力剤をたっぷり染み込ませたアリ・フライを流れに乗せた。しかし、水面に乗るフライにイワナは反応してくれない。そうこうしているうちに流れに揉まれてフライが沈んだ。その沈んだフライにイワナが食いついた。

それ以降、同じような経験を何度も繰り返すうち、軽量で浮力の乏しいアリは、渓流の複雑な流れによって、水中に引き込まれることが多いのではないだろうかと思うようになった。

釣りの合間に流下するアリを観察してみた。その結果、体の一部が水面に絡むか、水中に没した状態で流下することがわかったのだ。

アリは釣り場でもよく見られる昆虫だ。渓魚にもよく食べられている。もちろんアリの姿、形は熟知している。しかし、フライフィッシングでは、模すべき昆虫の形態を知るだけではなく、それがどのように流下し、渓魚たちに食べられているのか、そういったことを自分の目で観察した上で釣りに生かすことがより重要になってくる。

「見たことはある、しかし、よく見ていなかった」

この言葉を意識するようになってからは、多くの情報に惑わされず、自分の目で確認してきたことで、フライフィッシングの奥深さを知り、釣りの楽しみがさらに広がったのだ。

一に釣り人、二に鉄砲、三、四がなくて五に山屋(他)

平井幹二

この言葉を知っている、またはピーンと来るものがある人は、相当に芸術的な素養がある。そう、これは日本の古典的な楽器の得意な順位である。別に「一に鉄砲、二に釣り人」でもよく、順位は関係なくその人の感じるままに並べ替えても含蓄の深いことわざとして成り立つ。「三、四がなくて」というのは単に語呂合わせ。私が釣り人なので一に釣り人を掲げたままでである。

まず、日本の代表的な古典楽器、三味線。粋な音色に艶《つや》っぽさたっぷりの弦楽器だが、まあ、これを弾く釣り人のお上手なこと。

20年以上前の三宅島のヒラマサ釣り。爆発的に釣れ盛ったのはよいが、地磯なので場所取りが大変。泊り客全員の集まった前夜の宿の食事時間から、あちらこちらで、聞くとも聞かせるともなく〝三味線〟が始まる。

「明日は何時に出る?」「うーんそうだな、少し荒れてるし5時でいいんじゃない」

こんな会話を聞いて、自分も5時に出るつもりならさあ大変。起きたときには他のグループは出払い宿はもぬけの殻、とっとと場所取りに走り去っている。そしていつしか、経験を積んだグループ同士の見え見えの三味線合戦となり、そんな経験が後日の大笑いの種となる。

アユの釣り大会。たくさん釣ってきた選手に「どこで釣ったの？」と聞く。まれに芸術的センスが全くなく、三味線ひとつ弾けない釣り人もいるが、だいたいは急性の記憶障害になったのか、微妙にまたは大幅に三味線を弾く。しかしこれは他人を当てにするいわば他力本願で、聞くほうが悪いのか？ でも、つい聞きたくなるものだ。そうでしょ？

次の楽器が〝ほら貝〟。ブォーっと鳴るやつで大ボラともいうが、これは少しやかましい。私の釣り仲間にアユ、グレともライバルがいるが、グレはだいたい私が勝つ。ところがまれに私よりデカイ40㎝オーバーを釣ることがあり、こんなときには釣りが終わった瞬間に「耳栓、耳栓」。とにかく、帰りの車中は憎たらしくも楽しげに、「イヤー、ねらいどおりだったヨー、次は50㎝だ」などと、やかましいったらありゃしないのだ。とても耳栓なしには過せない。さらに注意点がもうひとつ。帰りの食事にはテンプラなどの油物は禁物だ。一段と口が滑らかになり、閉口することこの上ない。

また、楽器以外にも、釣りあげた魚がときとともに成長してしまう不思議な魚もいれば、四捨五入が繰り返される数の魔法も……。

最後に、古典的ではないが、金管楽器のラッパ。普通、ラッパというとトランペットなどを思い浮かべるかもしれないが、この場合はむしろ突撃ラッパ。まあ、釣り人の中には、存在そのものが突撃ラッパみたいな人も多いのだが、どうもラッパはほら貝と共鳴しやすいようだ。

しかし、本当に突撃ラッパが私の耳に聞こえてくるときがある。アユ釣り大会の開始とともに、激流の中に飛び込んでゆく釣り人。水しぶきを上げ、荒瀬を泳ぎ、一目散にポイントへ急ぐ釣り人を見ると、「うわースゲエ」という素直な感動とともに、なぜか突撃ラッパが聞こえてくる。

一尾逃げれば皆逃げる（金）

1尾の魚が驚いて逃げると、他の魚もまた驚いて次々に逃げてしまい、釣りにならないさま。渓流釣りでは、淵尻によく釣り人が「斥候」などと呼ぶ型の小さな魚がいて、これを脅かしてしまうと、本命の上流にいる大ものまで影響して淵全体が沈黙してしまう。釣り人は遊びでも魚は命がけ。慎重が肝心。

一生幸せになりたかったら、釣りを覚えなさい（金）

作家・開口健氏が自著で紹介したことにより、釣り人に広く知られるようになった。中国に古くから伝わる諺だという。ちなみに、「一生……」の前の文を含めた全文は左記のとおり。

一時間幸せになりたかったら、お酒を飲みなさい。
三日間幸せになりたかったら、結婚しなさい。
八日間幸せになりたかったら、豚を殺して食べなさい。
一生幸せになりたかったら、釣りを覚えなさい。

釣りを覚えた私たちは、なんと幸せなことか。

魚に泳ぎを教えるな（金）

半可通が名手に釣りのあれこれを得意げに説くさま。釈迦に説法と同意。釣りの世界ではよくあること。本当の名手の多くは釣りに謙虚で腰が低い。

大バリ大エサ・小バリ小エサ（金）

海釣り、川釣りを問わず、釣りバリは対象魚の型と特徴を考えてハリを選定する。大バリ大エサとは、釣行当日の魚が予想に反して小型で、大バリで対応する場合、ハリ先に小さくエサ付けしても駄目。大バリ全体に大きくエサ付けすることで、小さな魚でも口を大きく開いてハリ掛かりする。

小バリ小エサは、小バリに必要以上の大きなエサは、エサ全体をハリが支持できず、エサ落ち、エサを取られる原因となる。小バリでは、ハリ先に小さく、ていねいにエサ付けして、一発必中でアタリを取ること。（安達俊雄）

女連れの釣りに危険なし（諺）

「女性と一緒なら無理をせず、空気も和やか、釣りも安全」と、二階堂清風氏の著作『水神ごめん蟹ごめん』では述べられている。女性の足腰のことを考慮すると、確かに無理はしない（できない）が、なぜか釣り場では女性のほうが数を釣ったり思わぬ大ものをあげてしまったりで、帰途の空気が微妙なものになったりすることは案外、多い。

心はオモリに置け（金）

「動的な禅」とも称される、釣りの心を説いた金言。余計な解説を拒む深い言葉だ。

仕掛けを作るのも釣りのうち（金）

川や海や湖でイトを垂れているときだけが釣りではない。釣行前夜、明日のことを連想してウキウキしながら仕掛けを作ったり、準備をするときから釣りの楽しさは始まっているのだ。その仕掛けがきれいにできればなおさら、いうことなしである。また、いろんな釣り人の仕掛けを拝見すると、名手の仕掛けは決まって美しく、結びひとつとっても結び目が小さく整い、違いは一目瞭然である。

昨今では、あらゆるジャンルの釣りでよくできた市販仕掛けが用意されており、おかげで前日の用意で寝不足になったりすることはなくなった。それはそれで釣りを手軽なものにしてくれてよいのだが、仕掛け作りの楽しさもまた、置き去りにはしたくないものだ。

梅雨の夕晴れ蓑《みの》を持て、秋の夕焼け鎌を研げ（諺）

子供のときから、親父や祖父から聞かされてきた言葉。うっとうしい雨が続く梅雨時期、夕方に雨が上がり夕焼けが出る。これは諺では「蓑を準備せよ」とのことだから、雨の予報だ。しかし、釣り人の勝手で「明日は青空の下でアユ釣りだ」と張り切る。そんなときは、決まって冷たい雨が降り、あまりいい思いができない。

逆に、秋の夕焼けは翌日の青空が約束される。

現代のように、誰でも気象衛星の画像をインターネットで見られる時代なら、明日の天気も簡単に予測できる。それでも、雲や風だけが頼りの先人達が残した言葉には、尊敬の念を抱く。（片山悦二）

釣り好きは気が長い（諺）

……と、世間では言われている。確かに、いつ釣れるのかわからないのに何時間もじっとサオをだしている姿を見れば、「なんて気が長い」と思うのかもしれない。

ところが気が短い人は、じっと待っている間も、

（エサが悪いのか）

（仕掛けは）

（ウキ下が短いのか）

などと、いろいろと釣れない原因を思考し、改め、あの手この手でついには魚を手にする。

本当に気が長い人は、概してのんびり構えて、手の打ち方が遅れ、潮時を逃して釣れないケースが多い。釣り好き、釣り上手はおおむね気短だ。（服部善郎）

釣りする馬鹿に見る阿呆（諺）

「踊る阿呆に見る阿呆」が下敷きか。釣りをしていると、なぜか通りがかりの人が「釣れますか」と聞いてくる。さらには野次馬となって釣り人と一緒にウキに見入ってみたりする。全く関係のない人からすれば、どっちも物好き、おヒマな人たち、ということになるのだろう。

釣りに梅干持ってくな（諺）

釣りに限らず「運」は大事。ときには験《げん》（縁起）もかつぎたくなる。梅干を持って行くな、釣りに行く前に梅干を食べるなという諺は、梅干の「干す」が、ボウズを連想させることからきているようだ。これを深読みすれば、一見関係がないような、些細なことにも気を配るべし、という心がけを説いた言葉といえるかもしれない。

釣りの六物《りくもつ》（諺）

釣りを構成する主な要素、サオ・イト・ウキ・オモリ・ハリ・エサの6つを差して「釣りの六物」。ハードとしての六物に対して「釣りの五徳」というものもあり、こちらは釣りの道における健・忍・寛・尚・楽を差すという。どれかひとつ（たとえば「楽」とか）が過ぎれば、たとえ遊びとはいえバランスが崩れるとも。

釣り人の話は両手を縛れ（諺）

釣り人なら誰でも知っている諺のひとつ。最初は釣った魚の自慢をするのに「このくらいのサイズが」と両手で示していたのが、日が経つごとにだんだん広がっていき……。しかし、本当は両手を縛らなくても、ある日ご当人がハッと気が付き、あわてて最初の大きさに戻すのが常である。そしてまた……という釣り人的なロールプレイングを繰り返す。

釣るときは唖になれ、聞くときは馬鹿になれ（金）

釣るときは静かに、一切の気配を殺して釣り、人に教えを請うときは馬鹿になったつもりで素直に話を聞くことが上達の秘訣であるということのたとえ。なかには、釣るときには余計な音ばかり立て、それでも釣れてしまったときには、あとあとまでやかましい人もいるが。

釣れた噂を釣りに行くな（金）

釣り人たるもの、釣れた情報が耳に入るとつい自分もそこへ釣りに行きたくなるもの。しかし、釣りは自然が相手、同じ条件、同じ釣りは二度とない一期一会の世界でもある。それでも我慢できずに行けば、散々釣られた後で魚影は少なく、噂を聞きつけた釣り人で場はあふれ、荒れているといった按配。

マブナは底を釣れ（金）

マブナ釣りのセオリーを説いたもの。この、「●●は×を釣れ」の×は、対象魚によって潮、筋、石などさまざまに変化する。それぞれ、簡潔にしてその釣りの要諦を述べた金言といっていいだろう。

見える魚は釣れない（金）

……と、渓流釣りなどではかつて言われた。これは、釣り人から魚が見えるくらいだから、魚からも当然こちらが見えているはずという思いもあったのだろう。

時代は変わって、現代は釣り方によっては「見える魚は釣れる」。フライフィッシングのファンにとっては、水面付近で捕食に夢中になっているヤマメなどはまさに格好の的だ。ただし、釣れるかどうかは釣り人の技量と魚側の知恵のバランスで決まってくるのはいうまでもない。これだけは時代を問わず普遍の法則。

もじる魚は釣れる、跳ねる魚は釣れない（金）

モジリと跳ねでは、同じ水面に見える魚でも行動の意味が違う。この諺は読んで字のとおりにも思えるが、「釣りには深い観察力がものをいう」という隠された意味もあるのではないだろうか。

●●は嫁に食わすな（諺）

釣りの諺、というわけではないが、魚つながりで釣りをしているとこの「●●は嫁に食わすな」をときどき耳にする。そこで調べられたものを列挙してみると……。

秋サバは嫁に食わすな
ウミタナゴは嫁に食わすな
五月鮒憎い嫁に食わすな
二月のソウハチ嫁に食わすな
ハゼの洗いは嫁に食わすな

とまあ、出てくる出てくる。魚に限らずとなると、さらにおなじみの「秋ナスは嫁に食わすな」なども加わって一段とにぎやかになる。

いずれも、うまい●●を憎たらしい嫁に食べさせたくないという姑の意地悪に端を発するという説と、可愛い嫁の身を案ずる姑の親心の2説がある。

後者に賛同すれば、「サバ＝生き腐れで鮮度低下が早く中毒を起こしやすい」「ウミタナゴ＝卵胎生で逆子をイメージさせる」という意味もあるようだが、真実やいかに。いずれにしても、

倅の嫁と鰹節は気にかかる

といったところか。

朝イチはタナ（格）

加藤義晴

釣りの格言に「朝マヅメ　夕マヅメ」という言葉がある。朝や夕方は魚がよく釣れるという意味で、クロダイ釣りでもこの言葉が当てはまると思う。このとき、クロダイはエサを食べるためにカラス貝の付いている比較的浅いタナに浮いていることがよくある。浅いタナに浮いているクロダイは、釣れる確率が高い気がする。こうした理由から、1日の釣りの組み立てとして、最初の1周目は必ず浅ダナをねらうようにしている。これは季節を問わず、真冬でも当てはまると思う。

今年（2008）2月5日、旧赤灯に朝7時の便で渡船。仕掛けを準備し、釣り始めて間もない7時16分に44㎝1・7㎏を釣りあげることができた。また翌月の3月4日、同じく旧赤灯に7時の船で渡り、釣り始めてわずか3投目に45㎝1・98㎏を釣ることができた。いずれも1ヒロもない、浅いタナで釣りあげたのである。過去には釣り始めて最初の1投目で当たったことも何度もあるし、浅いタナしかねらわないので移動するスピードも速く、ほかの釣り人がエサを落とす前にどんどん釣り場をねらっていける。結果としてほかの釣り人よりもクロダイが釣れる確率が高まるのである。ただし、横浜港の場合、夜通しの釣りをしている人がいるとこの限りではないこともあるのが玉にキズである。

大ものはタナ（宙層）（格）

加藤義晴

これは私の経験則である。もちろん、底でも大ものは釣れる。だが、その確率はというと、タナ、それも表層近くに分があると考えている。

以前、著書名は忘れてしまったが、「群れの行動学」とかいう大学の先生が書いた本を読んだとき、マダイの群れの記述の中に、ボス的存在の大ものは群れの頂点、つまり一番上にいることが多いとされていた。

このことを参考に、クロダイもタイ科の魚、きっとボス的な存在の大ものは浅い所にいるであろうと仮説を立て、タナ釣りを中心に釣りを組み立てるようにスタイルを変えてみた。その結果は……。

横浜港でいえば、50cm前後のクロダイはいうに及ばず、平成13年10月30日・テトラ57cm2・94kg、15年11月14日・旧赤灯54cm2・58kg、16年6月1日・D堤53cm2・38kg、

17年10月18日・旧白灯54cm2・94kg、18年5月30日・D堤55cm3・2kgなど、超大ものと呼んでよいサイズを1ヒロ以内の表層近くでものにしているのである。

クロダイは潮を釣れ（金）

クロダイのヘチ釣りは、極めてシンプルな道具立てと付けエサ一本でクロダイと対峙する、原始的で、しかし奥の深い釣りである。寄せエサを撒いて活性を高めることができないヘチ釣りにおいて、クロダイの活性が上がる条件には、水温や濁り、波、曇天などさまざまなものがあるが、大前提として潮が効いていることを外すことはできない。したがって、反転流のある場所を除き、潮裏での釣果はほとんど見込めない。（加藤義晴）

クロダイは膝が立つ水深があれば入ってくる（名）

私がヘチ釣りを始めたころ、超ベテランの名手から教えて頂いた金言である。当時、通っていた第三海堡は総じて水深が浅く、大潮干潮時には膝くらいしか水深のない釣り場もあったが、彼はその誰もねらわない、１ヒロもない浅い釣り場でしっかりとクロダイを釣っていたのである。（加藤義晴）

潮のブッツケを釣れ（「潮の芯を釣れ」）（名）

「クロダイは潮を釣れ」は全体的な状況の話であるが、この「潮のブッツケを釣れ」とは、たとえば堤防の潮表をねらう際、正面に潮が当たって左右に分かれる所がよいポイントであるという意味で先輩たちから教えられてきた。特に、変化の少ない一文字堤防では、このような潮の変化を察知し、刻々と変わるこの位置を把握しながらねらってゆくのと、何も考えずに釣りをするのではおのずと釣果に違いが生じてくるのである。（加藤義晴）

乗っ込みは上げ、落ちは下げ（金）

東京湾は昔から、クロダイは産卵になると湾口から湾奥へ乗っ込んできて、冬が近づくと湾口へ落ちてゆくといわれていた。現在は環境も変わり、横浜港のように周年居ついているクロダイもいるが、一般的にはクロダイも無駄な体力を使いたくないのか、産卵期には上げ潮に乗ってどんどん湾奥（上手）に上がってくる。この上げ潮時をねらうとよいとされてきた。逆に落ちの時期には、下げ潮に乗って落ちて行くので、下げ潮をねらうとよいといわれている。（加藤義晴）

乗っ込みは浅場から（名）

20年来お付き合いさせて頂いている、金沢八景・太平釣具の社長から教えて頂いた金言である。これは春先にクロダイが釣れ始めるのが深場ではなく、浅い釣り場から乗っ込みの魚が釣れ始めるという意味。以前通っていた東京湾口の久里浜でたとえると、沖の水深のあるアシカ島よりも、平作川河口のほうが産卵期らしい個体が釣れ始めるのが早かった。また、現在のホームグラウンドである横浜港でたとえるなら、一番沖に位置する本牧D埠頭や第一新堤よりも、湾奥の旧赤灯などのほうが釣れ始めるのが早いことからも頷ける。（加藤義晴）

ヘチ釣りはオモリがキモ（格）

加藤義晴

ミチイトにハリスとハリ、そしてオモリ。釣りの中でも最も原始的と思える簡単な仕掛けでクロダイをねらうヘチ釣り。

釣れる人と、釣れない人。その差は何か？

道具立てを見る。一見したところ、ほかの釣り人との差はほとんどないように思える。よくいわれるのがエサ違い。「マッチ・ザ・ベイト」の項でも述べたように、これは決定的なことがよくある。同じ釣り場で釣りをしていて、そのエサでないと全く当たらないこともある。これはいかんともし難い。

しかし、エサ以外で釣果に差が付くこともある。多くの人は「ハリスを細くすることだ」と考えると思う。確かにそれもあると思うが、むやみにハリスを細くしてバラしていたのでは元も子もない。ハリスを細くするのは最後の手段と考えたほうがよいだろう。では何か？　それがオモリである。基本的には極力軽いオモリで、自然にエサが落ちていく感じがよいと考えている。

１９９３年7月12日、古い話で恐縮だが、以前通っていた横須賀方面のごく小さい、ハナレ小島での出来事である。

釣友2人と仲よく3人で釣っていた。この2人、当時は某釣具メーカーのテスターをしていて、私よりもはるかによい腕の持ち主。当日は折からの台風の影響で思ったよりもウネリが大きく、わき上がる波のせいでなかなかエサが底に着かない状況であった。エサは3人ともカラス貝のツブ。激流で知られるこの島ゆえ、最初は3人ともオモリにガン玉4Bを使用していた。

アタリは思い出したようにポツポツあるのだが、ツブはそのまま、ガン玉に歯型を付けられる程度で釣果に結びつかない。4Bならエサの着底がわかりやすい重さなのだが、途中から思い切って私ひとり2Bにチェンジ。オモリが軽くなったぶん、底立ちを取るのは難しくなったが、アタリの数は相変わらずポツポツ程度の中、エサが底に着いて聞きアワセすると、ほとんどがガッチリと掛かるようになりだした。結果、1尾と2尾の釣果の友人に対して、9発アタリ中4尾を釣りあげることができた。

また、タナ釣りでのアタリがわからないという声をよく耳にする。現在通っている横浜港でタナ釣りをするときには、風などの状況にもよるのだが、オモリを付けないことが多い。そうするとどうなるか？　タナ釣りのアタリの多くは途中で沈下が止まる、いわゆる止めアタリであると思う。しかしオモリなしの仕掛けだと、エサを落としていく途中で、サオまでひったくられるような引き込みアタリが少なくないのである。

これとは逆に、潮の流れの速い釣り場で底釣りをするときには、しっかりと底の取れる重めのオモリがよいこともある。以前通っていた久里浜アシカ島では、春先で大潮まわりだと川のように激流になることがよくある。このようなときは魚があまり浮かないので5Bや6Bを使うし、場合によっては5B2個、6B2個を付けることもあった。

これらのようにオモリはヘチ釣りの中で、大変重要なパーツなのである。

マッチ・ザ・ベイト(名)

これはルアーフィッシングのセオリーである。ねらう魚がそのときに食べている小魚等(ベイト)に合わせた大きさ、色、形のルアーを使うということだが、クロダイ釣りにもこの考え方が当てはまる。

クロダイは雑食性が高いといわれている。ひとつの堤防でも季節により付着している物が変化する。春先から梅雨にかけてはカラス貝が付着し始める時期で、稚貝のダンゴで好釣果を得ることがあるし、真夏にはこれが成長して大きくなると、大き目のカラス貝で釣れるようになる。またお盆明けからカラス貝の層の上にフジツボが付き出すと、フジツボしか当たらないときもある。9月あたりからミドリイガイが付き出すとミドリイガイがよくなってくる。そして冬、堤防のカラス貝などの着生物が落ちて、カジメやワカメしかなくなると、これらを食べるようになる。一般的に横浜港はタンクガニがよいとされているが、季節によってタンクよりも食いのよいエサが出て、エサ選びにおいて大いに我々を悩ませてくれるでのある。(加藤義晴)

一貫のイシダイを一尾釣るにはトラック一杯分のコマセを撒け（諺）

浅草界隈の旦那衆たちから始まったというイシダイ釣り。当時、目標とされていた一貫（3・75kg）のサイズを釣りたければ、トラック一杯分の寄せエサを撒くくらいのことはしなさいよ、という意味でこの言葉が使われていたという。そのころのトラックが果たしてどんな大きさかは知らないが、なかなかすごいたとえではある。旦那衆ならではの豪勢さも加味されているのかもしれない。

当時の旦那衆はそれぞれ定宿があって、海女さんに取らせたサザエで釣りをしていた。伊豆の熱海から八幡野まで、まだ木炭バスが走っていた時代のことだ。

グレは潮を釣れ（名）

私はグレ釣りを40年間続けている。グレ釣りは特に潮を見て釣るのがコツ。「グレは潮を釣れ」と師からよく言われた。磯によって上り潮がよい磯と、下り潮がよい磯がある。潮下によい魚群があるポイントや、上げの潮で水温が安定するポイント、逆に下げ潮が安定する磯もある。また、潮といっても川のような流れの潮もあれば、人がゆっくり歩くくらいに動く潮もあってさまざま。

このように磯による違いはあるが、潮の動きで、今まで釣れなかった磯やポイントが入れ食いになることがよくある。当然この逆もあって、潮が変わったと思ったらエサ取りもいなくなることも珍しくない。私の釣友のエド山口さんが言うように、「名磯も潮がなければただの岩」ということになってしまう。

グレ釣りでは、常に潮を見て磯を選びポイントを選ぶことが釣果を得、大ものと出会えるコツだと思っている。（宮川　明）

サメ・カメ・ダメ（諺）

磯釣りの最中、ポイント付近の水面近くにカメを見つけてがっかりされたことのある方も多いことだろう。サメとカメの共通点、それはどちらもフィッシュイーターであること。サメは釣りをしない人でも魚が釣れない理由はイメージできると思うが、TV等での産卵シーンが感動的なカメも、立派な〝魚食い〟。というわけで、サメやらカメやらが見えてしまった場合、魚が散ってしまい、その辺りの釣りは当然かんばしくない。

タカノハが釣れたらグレは釣れない（諺）

タカノハは通常、底にいる魚。一方、グレ（メジナ）は中層にいる。グレをねらっていてタカノハしか釣れないような日は、水温低下が要因となっていることが多い。水温が急激に低下すると、グレの活性が落ちる。普段はうるさいエサ取りも少なくなったりする。それでも大型がいれば食ってくるのだが、不運にも大型がいなくて、さらにエサ取りもまったくいないようなケースでは、エサはタカノハのいる底に直行ということになる。

「おっ今日はエサ取りがいなくて楽かも」などと思った直後にタカノハが食ってきた日は……。

釣りは最後まで諦めない（格）

宮川　明

この言葉は、何事にも通じることだと思う。私は29歳から30年間トーナメントに出場しているが、2、3時間で行なわれる試合の中で、残り5分、1分、ときには1、2秒で相手に釣られて負けたことがある。逆に、1、2秒前に私が逆転したことも何度もある。

テレビやビデオのロケでも、最後に大ものがくることが多かった。あるビデオのロケでは、はじめ私には潮が付かず、思うような釣りができなかったが、自分のポイントで最後まで頑張り70・3㎝のオナガグレを取り込んだことがあった。

トーナメントでは、第一回ワールドカップの決勝で（3人試合）最後のポイントに入り、逆転で勝ったことが思い出される。王座決定戦でも、前半14対0尾で負けていた試合を最後まで諦めなかったことで逆転して勝つことができた。

58歳の私が40年間の釣りを通して今、思うことは、何事をするときもチャンスは皆にあるということ。だから、時間がある限り、最後まで諦めないことがよい結果につながると信じている。

浅場のキスは静かに釣れ（格）

服部善郎

夏、シロギスは水深5ｍに満たない浅海で釣るケースが多い。こうしたとき、デッキにドンと物を落とすと振動が海底に伝わり、神経質なキスを散らしてしまう。また、船影などにも反応するので、浅場では長ザオを使うか、少し投げて釣るのがよい。

アマダイの三段引き（諺）

ハリ掛かりした魚は、魚種によって独特の引きをみせることがある。たとえば淡水魚のヤマメはきりもみ状態のように魚体を激しく動かす。海ではスズキのエラ洗い（海面付近で激しく魚体を振り、ハリを外そうとする）が有名だ。

アマダイの場合は、ハリ掛かり後、底を離れるとき、中層まで上がってきたとき、最後は取り込み直前に強く抵抗するといわれる。この諺はそのさまを表わし、釣り人に注意をうながしたものだ。

アラは這わせて釣れ(格)

服部善郎

昭和30年から40年にかけて、神奈川県の長井沖でアラ釣りに没頭していた頃の話。手釣りのテンビン仕掛けでハリスは2ヒロ。船頭と一緒に釣るのだが、釣るのは船頭ばかり。そこで釣りの手を休めて、船頭の釣りを横目で見ていると、仕掛けが底に着くと1ヒロしかオモリを浮かせていない。つまり先バリは地に這った状態。私は2ヒロ浮かせていた。この差が天と地の分かれ道。早速、這わせて釣ると船頭と同じように釣れるようになった。

以来、今日までアラはテンビンにしろ胴突き仕掛けにしろ、必ず「這わせて」釣っている。

イイダコは白がお好き（格）

服部善郎

東京湾のラッキョウにしろ、関西、西日本のセラミックにしろ、イイダコ釣りには白っぽい〝見せエサ〟が使われている。これらは、いずれもイイダコの好物、二枚貝のイミテーション。白くてまるいので、貝と思って抱きつくのだ。一度、ラッキョウを紅で染めて釣ってみたが、白に比べて3分の1しか釣れなかった。イイダコは「白」です。

イカ釣りは「ド」で投入（格）

服部善郎

ヤリイカなどの足が速い相手には、素早い仕掛け投入が釣れるか釣れぬかの分かれ道となる。

船頭は、魚探でイカの群れを見つけると船を急停止して「ドーゾ」と合図する。このとき、「ド」で素早く投入すれば、同船者の中で真っ先に仕掛けが沈み、イカが飛びつく。このように素早い投入が成績を左右するので、慣れた釣り人の中には、船が停まり船頭がマイクを手にした瞬間に投入する人もいる。

一度はかかるカワハギ病（諺）

これを読んで苦笑いした人は、おそらく釣りが達者に違いない。この病気は、名手ほど罹りやすいというもっぱらのうわさである。

カワハギはいわずと知れたエサ取り上手。そのうえ、口が小さい。釣り人は誘いからアワセにいたるまで、さまざまなテクニックを駆使して知恵比べを挑む。つまり、釣り人を「熱く」させてしまう魚なのだ。

普段はバスやアユなど、ほかの釣りをたしなんでいる人が、ふとしたきっかけでカワハギ船に乗ったが最後、カワハギ釣りの妙味というか面白さに取りつかれてしまうという。この病気に一度罹ってしまうと、決め手となる〝ワクチン〟もなく、しばらくは夢中になって何度もカワハギ釣行に繰り出してしまう御仁が多い。

イトの張りの変化でアタリを〝見る〟（格）

服部善郎

秋が深まり、季節が初冬に入ると、ハゼは沖の深場に生活の場を移す。いわゆる「ケタハゼ」である。10m以上と釣り場が深い上、ハゼの捕食意識は低下し、エサを口にしても急には動かない。つまりアタリが極めて微妙なのだ。

そこで、サオ先から海に伸びるイトの張りで生じる曲がりの変化でアタリを見る。ハゼがエサを口にすると、かすかにもたれてサオ先のイトの曲がりが変化する。極めて微妙な変化だが、これがわかれば気難しいケタハゼも釣り人のものだ。

エビでタイを釣る（諺）

少しの元手や労力で大きな利益を得ることを言い表わしたもの。これはもちろん釣りの諺ではない。一般的なたとえだ。しかし、「釣」の字が付いた慣用句としては、もっとも多くの人に知られたものと思われるので、記念に収載させていただいた。

脚立おろしで夏近しを知る（諺）

昔、東京湾でアオギスが釣れていた頃、釣り人たちは八十八夜を迎えると脚立を船に積んで上げ潮の潟に繰り出した。

春霞の上総の山々を背景に、潟に立ち並ぶ脚立、脚立……。釣り人たちはこの情景に〝夏近し〟を感じたものだ。（服部）

シイラは流木を釣れ（格）

服部善郎

日本海で、シイラ漬けという漁が行なわれている。物陰に寄るシイラの習性を利用した漁で、青竹などをイカダ状に組んで沖に浮かべ、その下に寄ってきたシイラを釣りや網で捕らえる。シイラは今、ルアーフィッシングが盛んだが、流木や大きな漂流物を見つけたらチャンス。キャストすればきっとシイラが飛びつく。

ソウハチガレイは宙を釣れ（格）

服部善郎

カレイは底を釣るのが常識。しかし、何事にも例外はあるもので、ソウハチガレイはサビキ仕掛けで宙（中層）を釣る。

もちろんベタ底でも釣れるが、カレイ用テンビン仕掛けをサビキに替え、底から少し浮かせて誘ってみたら一度に3尾、4尾、鈴なりに釣れた。北海道は豊浦沖でのこと。

ソバの花が散ると秋キスが食い始める（諺）

淡水ではソバの花が咲くとアユが下り始めるといわれるが、これが散ると海では秋ギスの季節を迎える。海・川で同じ植物の花を釣季の目安にしているのが面白い。

考えてみれば海の魚で花というのも不思議な気もするが、これは沖釣りとはいってもキスの釣り場が岸から比較的近いからだろうか。

高い舟借りて安い小魚を釣る（諺）

「高い舟借りて」を「高い道具買って」にすれば、すべての釣りに当てはまりそうだ。

この諺は「それでも、釣りはそろばん勘定でやるものではない」という釣り人のロマンを語ったものとも取れるが、やっぱりたくさん釣りたい、大ものを釣りたいと願うのは釣り人の常。そして、次回の釣行はますます高い舟を借りることになり……。

ハゼはサオが釣る（金）

今もなお根強い和ザオファンのいるハゼ釣りらしい諺。釣りはあくまで腕が第一、高価なサオを持てば人より釣果を得られるとは限らないのが常だが、和ザオ全盛の時代には、「ハゼはサオが釣る」と思わず言いたくなるような、名工の手による名調子のサオがあったのだろう。また、サオの乗りでハゼを釣る釣り方もあり、それをもって「ハゼはサオが釣る」と言うこともできるだろう。

春は宙、秋は底を釣れ（格）

服部善郎

マダイは季節回遊する。冬、水温が低下すると、比較的水温が安定している沖の深い底で越冬する。春、太陽光線などで水温が上昇すると、産卵のため浅いところへ上がってくる。しかし底の水温はまだ低いので、底から浮いた層で生活する。そこで春、乗っ込み期のマダイは、エサを底から少し浮かせて釣る。

夏から秋にかけて、浅海の豊富なエサを食べて体力を回復したマダイは、秋も深まると越冬に備えて一段と活発にエサを捕食する。このころは底潮もまだ暖かく、マダイの生活圏は低層なので、底付近を釣る。

百忙中一竿を愉しむ（諺）

「忙中閑あり」をベースにしたものだろうか。意味は、釣りは忙しい合間を縫って出かけるところに真の楽しみがある、というもの。続けて、釣り三昧の毎日では飽きもくるだろうというのだが、現代では逆に「できることなら毎日でも釣りをしたい！」と思う人も多いのでは？

ヒラメ四十コチ二十（諺）

アタリがあったら、それがヒラメ釣りなら40数えてから、コチなら20数えてから合わせなさいという、ご存知、アワセの「間」を説いた諺。イシダイの「三段引き」、渓流釣りではかつては「影を見たら合わせせよ」と言うなど、考えてみれば、アワセの間はターゲットの数だけあるのかもしれない。遅いほうの間が諺として有名になったのは、ひょっとして釣り人特有の短気（待てない）を戒めるため？

釣りと天気の諺について

天気に関する諺は多い。これは日本人が農耕主体の民族であることと深いつながりがあることはいうまでもない。いや、何もそんな大げさな歴史をひも解かなくても、誰もがひとつやふたつは覚えている言葉があるはず。

同じように、自然が相手の釣りでも天気は重要だ。釣り＝漁だった時代はもちろん、釣りが遊びになってもそれは変わらない。釣行前夜の釣り人の話題から、天気が外れることはまずないだろう。

ＴＶからインターネット、さらには携帯電話でもほぼリアルタイムで精度の高い天気予報の情報が得られるようになっている現代。それでも、あくまで予報は予報。外れることもある。

天気の諺には、今よりはるかに自然の変化に敏感だった先人たちの経験の集積が込められているはず。ケータイやインターネットの画面で釣行計画を立てるのもいいけれど、ときには古式ゆかしい諺を口ずさみ、明日の釣行を占うのもまた一興ではないだろうか。

左記に記したのは、そんな先人たちの遺した言葉の一部である。

朝雨に傘いらず・朝霧は晴れ・朝焼けは雨、夕焼けは晴れ・朝虹は雨、夕虹は晴れ・アリが移動すると洪水・いわし雲が出ると雨が降る・カエルが盛んに鳴くと雨が降る・北風は晴れ、南風は雨・蜘蛛が巣を低くかけるときは雨（高くかければ晴れ）・煙がまっすぐに上がれば晴れ、横にたなびけば雨・霜柱が立つ日は好天・セミが鳴くと梅雨が明ける・月笠ができると雨・月夜の大霜・ツバメが低く飛ぶと雨が降る・遠くの音がよく聞こえると雨・遠くの山がはっきり見えると晴れ・トビが高く飛ぶと晴れる・西の風と夫婦喧嘩は夕凪する・山が笠を被ると雨・山が近くに見えると雨が降る・レンズ雲は風が強まる

乾いたズボンでマスは釣れぬ（金）

セルバンテスの『ドン・キホーテ』に出てくる、有名な一節。「虎穴に入らずんば虎児を得ず」と同義であるが、釣り人ならばこちらのほうを使いたい気もする。

炎暑の国というイメージもあるスペインだが、マス釣りはさかん。イングランドのアイザック・ウォルトンによる『釣魚大全』の初版発行は1653年だが、それを遡る1624年にはフライタイイングを取り上げた専門書が出版されているほどだ。スペインには、当時から現在まで使い続けられてきた、独自のフライパターンも数多い。

この「ズボン」というのはいわゆるブリーチズ、膝までの半ズボンである。膝が濡れるくらいまで立ち込まないとマスは釣れないよということの言葉は、日本と同様に傾斜が急な川が多い彼の地ならではは、イギリスではこんな物言いは生まれてこなかっただろう。フライフィッシングの揺籃であった南イギリスの川はチョークストリーム、石灰岩を穿《うが》って草原をゆるやかに蛇行する流れ。マスも水面を流れる昆虫をゆっくりつまむように食べる。腕利きの釣り人は物陰に隠れ、ラインをそっと伸ばして釣っただろう。イッチェン、テスト、ケネット、そしてエイボンといった銘川では、釣り人は長靴すら履かないことがある。リバーキーパー（管理人）たちによって完璧に管理された釣り座があり、川床があり、つまり適度な管理を受けた人工自然が展開しているのだ。

一方、急峻な山脈から流れ下るスペインの川は、まさに渓流。魚のいそうなポイントへ積極的に近づいて釣ることになる。水面に長くラインを落とすと、魚と釣り人の間に挟まる流れにあっという間に食われてしまい、フライの自然な演出は難しくなるからだ。

同じブラウントラウトを釣るのでも、地理的環境が釣り方に影響を及ぼす。英国では「ズボンを濡らしたらマスは釣れない」と言われている可能性もあるわけで、セルバンテスのこの金言は「釣り場によってメソッドは変わる」というメタな読み方もできる。

（東　知憲）

総索引（50音順）

釣りの金言　名手の格言100+1

（あなたの言葉を刻んでください）

参考図書
『漢字百話　魚の部　魚・肴・さかな事典』大修館書店
『ことわざから読み解く天気予報』南　利幸／NHK出版
『水神ごめん蟹ごめん』二階堂清風／三信図書

釣《つ》りの金言《きんげん》　名手《めいしゅ》の格言《かくげん》100

2008年11月1日発行

編　者　つり人社書籍編集部
発行者　鈴木康友
発行所　株式会社つり人社

〒101－8408　東京都千代田区神田神保町1－30－13
TEL 03－3294－0781（営業部）
TEL 03－3294－0766（編集部）
振替00110－7－70582
印刷・製本　株式会社サンニチ印刷

乱丁、落丁などありましたらお取り替えいたします。

ISBN978-4-88536-598-0 C2075
つり人社ホームページ　http://www.tsuribito.co.jp
いいつり人ドットジェーピー　http://e-tsuribito.jp/